와글와글 직업 대탐험

실비에 산자 글 | 밀란 스타리 그림 | 김선희 옮김

나는 나중에 어디에서 일하게 될까?

일러두기 이 책에 나오는 직업명은 고용노동부와 한국고용정보원이 운영하는 공식 사이트 워크넷(www.work.go.kr), 국립국어원 표준국어대사전 등을 참고하여 번역했으며, 우리나라 실정에 맞게 일부 직업은 내용을 수정했습니다.

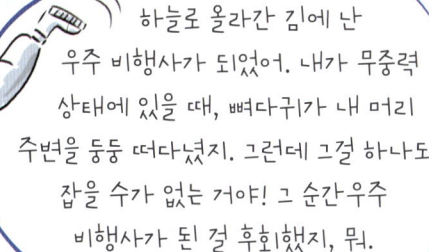

목차

극장 6
공연 안내원
공연 예술 분장사
극작가
극장 관리자
매표원
무대 감독
무대 디자이너
무대 소품 관리자
무대 의상 관리자
무대 의상 디자이너
무대 조립원
무대 조명 감독
무대 조명 기사
바텐더
소지품 보관 안내원
신발 제화원
연극 배우
연극 연출가
연극 제작자
음향 기술자
응급 치료사
특수 분장사
프롬프터
헤어 디자이너

농장 10
농부
농학자
마부
말 조련사
벌목원
사냥터 관리자
사육사
산림 관리자
수의사
양계업자
양봉가
양식업자
어부
원예사
축산업자
트랙터 운전사

트럭 운전사

유람선 14
갑판원
객실 승무원
레크리에이션 강사
선박 기관사
선박 전기 기술자
선박 통신사
선장
스포츠 지도사
여행 가이드
연주가
유람선 선장
유람선 승무원
인명 구조원
항해사
홀 서빙원

공항 18
공항 세관원
공항 운영 책임자
면세품 판매원
바리스타
여행사 직원
조류 충돌 예방 대원
찻집 서비스원
탑승 수속 사무원
택시 운전사
항공 교통 관제사
항공 기상 전문가
항공 운항 관리사
항공기 승무원
항공기 유도원
항공기 정비사
항공기 조종사

호텔 22
객실 청소원
고기 납품업자
도어맨
바리스타
바텐더
벨맨
소믈리에

엘리베이터 안내원
요리사
제과사
제빵사
주방 보조원
피아니스트
호텔 경비원
호텔 지배인
호텔 주방장
호텔 프런트 사무원
홀 서빙원
환경미화원

병원 26
검안사
마취과 의사
물리 치료사
방사선사
병동 간호사
산부인과 간호사
소아과 의사
수술실 간호사
심장 전문의
약사
외과 의사
외래 간호사
응급 구조사
일반의
진료 접수계원
청소원
치과 위생사
치과 의사

쇼핑몰 30
계산원
네일 아티스트
도서 판매원
아이스크림 판매원
은행 경비원
은행원
의류 판매원
주방용품 판매원
창고 관리자
패션 디스플레이어

플로리스트
향수 판매원
미용사
화물차 운전사

학교 34
교장
물리 교사
방과 후 교사
비서
사서
사회 교사
상담 교사
수학 교사
역사 교사
음악 교사
자연사 교사
지리 교사
진로 진학 상담 교사
체육 교사
특수 교육 교사
학교 보안관
화학 교사

구조 현장 38
119 종합상황실 요원
경찰견 핸들러
경찰관
경찰 조사관
교통 경찰
기마 경찰
산악 구조대원
소방 항공 구조사
소방 헬기 조종사
소방관
수상 경찰
응급 구조사
잠수사
폭발물 처리사
형사

건축 현장 42
건설 조력공
건축 설계사
건축가

공사 현장 관리자
굴착기 운전사
도로포장 기술자
도장공
목수
미장공
배관공
벽돌공
보온공
부동산 중개인
전기공
조경 설계사
조경사
지붕 잇기공
콘크리트공
크레인 조종사
타일공
함석공

기차역 46
선로 보수원
신문 판매원
역장
열차 기관사
열차 승무원
열차 신호원
열차 홈 안내원
운송 매표원
전기 카트 운전사
철도 교통 관제사
철도 수하물 운반원
철도 시설 관리자
철도 차량 도장공
철도 차량 정비원
철도 차량 품질 검사원

오페라·발레 극장 50
극장 검표원
극장 관리자
기악 연주자
무대 조립원
반주자
발레 마스터
발레 무용수

보컬 트레이너
안무가
오케스트라 지휘자
오페라 가수
오페라 대본 작가
오페라 작곡가
합창단원
합창단 지휘자

영화 촬영장 54
대역 배우
미술 감독
붐 오퍼레이터
스타일리스트
슬레이터
연예인 매니저
영화 대본 작가
영화 분장사
영화 소품 관리자
영화 연출 스크립터
영화 의상 관리자
영화 의상 디자이너
영화 편집 기사
영화 프로듀서
영화감독
영화배우
음향 감독
조명 감독
촬영 감독
촬영 기사
출장 요리사
특수 효과 기사
프로덕션 매니저

잡지사 58
경호원
광고 영업자
교정 교열 편집자
대통령
배달원
배석 판사
변호사
사무 보조원
사진 기자

안내 접수원
웹 디자이너
웹 마스터
잡지 기획 편집자
청소원
취재 기자
크리에이티브 디렉터
통역사
판사
편집 기자
편집 디자이너
편집장
홍보 기획자

박물관 62
고고학자
곤충학자
광물학자
기념품 판매원
기록물 관리사
매표원
미술품 복원사
박물관 교육사
보안 요원
소장품 관리사
소지품 보관 안내원
식물학자
언론 홍보 마케터
연구원
예술품 설치원
인류학자
전시 디자이너
전시 안내원
취재 기자
큐레이터

예술 스튜디오 66
가구 디자이너
갤러리스트
거리 예술가
도예가
모자 디자이너
보석 세공사
보조 사진사

사진사
예술 모델
일러스트레이터
전시 기획자
제품 디자이너
조각가
촬영 기사
취재 기자
패션 디자이너
패션 모델
평론가
행위 예술가
화가

우주 공항 70
기계 공학자
기상학자
발사 책임자
생명 유지 기술자
시험 비행 조종사
시험 비행 지도사
연료 탱크 관리자
우주 과학자
우주 비행 관제사
우주 비행 임무 전문가
우주 비행사
우주 실험 전문가
우주선 선장
우주선 엔지니어
우주선 일정 관리자
우주선 임무 기획자
잠수사
전기 기술자
지상 연락원
항공 우주 공학자
항공 우주 전문의

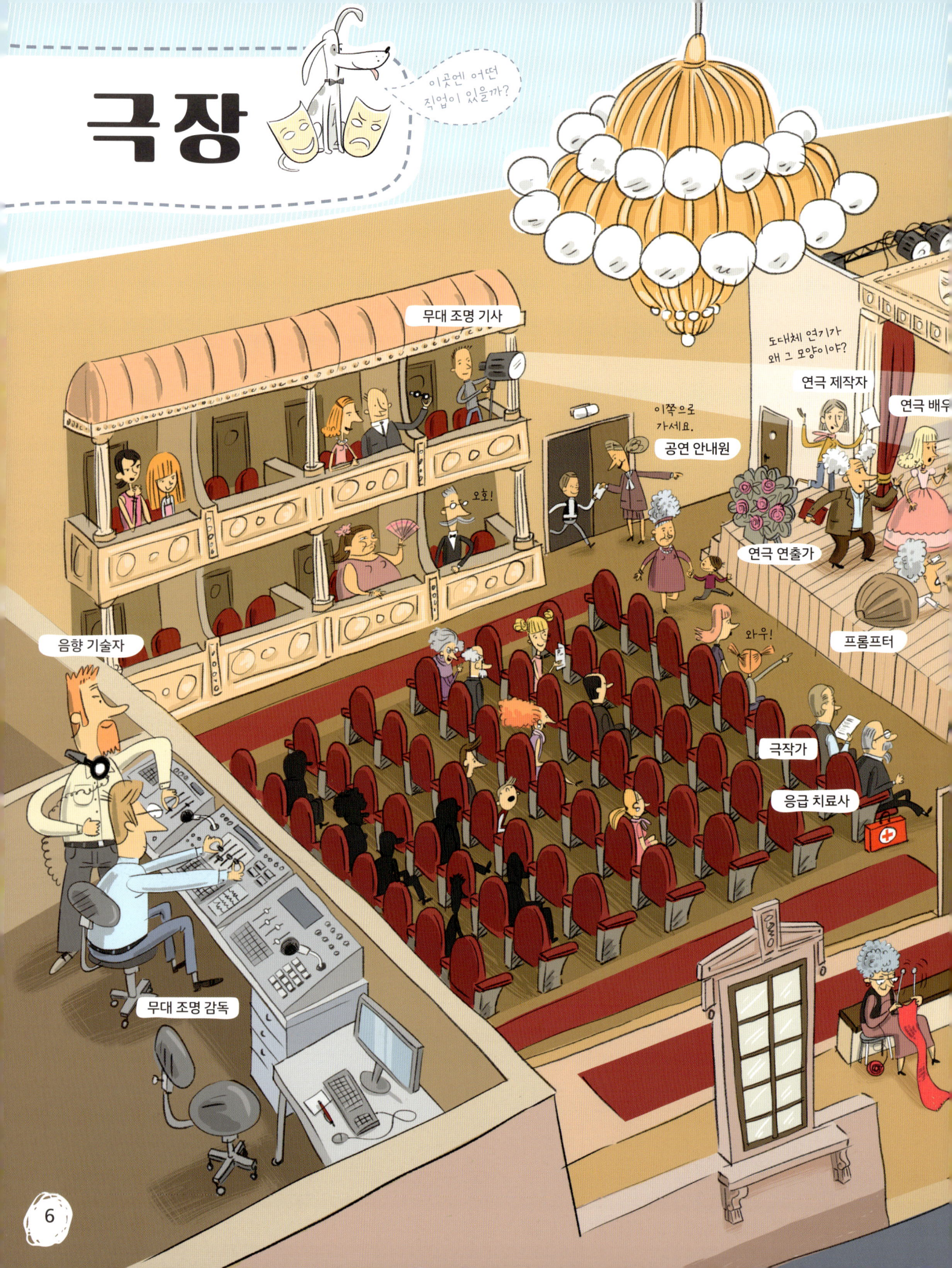

극작가
연극의 대본을 쓰는 사람이에요. 작품의 주제를 정하고 이야기를 써 내려가지요. 상상력이 좋아야 하고, 글을 재밌게 쓸 줄 알아야 해요.

연극 연출가
연극 연출가는 공연 전반을 진두지휘하는 사람이에요. 배우, 음악, 의상, 배경 등을 고르고, 실제 무대에서 무엇을 어떻게 진행할지 결정하지요. 배우들이 맡은 배역을 어떻게 연기할지 이끄는 것도 연출가의 역할이에요.

무대 디자이너
연극 무대를 어떻게 꾸밀지 계획하는 사람이에요. 무대 디자이너가 무대 장치에 대한 밑그림을 그리면 이것을 바탕으로 무대 조립원이 가구나 세트 등 무대 장치를 만들지요.

무대 의상 디자이너

무대 조립원
무대를 웅장한 성으로, 꽃이 만발한 초원으로, 또는 아름다운 호수로 바꾸는 것은 모두 무대 조립원의 일이에요. 공연 중간중간에 배경을 자연스럽게 바꾸어야 하기 때문에 정확하고 숙련된 기술이 필요하지요.

연극 제작자
연극을 공연하기 위해 제작비를 끌어모으고, 어떤 작품을 연극으로 공연할지 결정해요. 배우, 연가, 음향 감독 등 공연에 필요한 사람들을 섭외하고 공연 일정을 계획하는 것도 연극 제작자의 일이지요. 공연 내용을 검토하며, 때로는 연출가와 서로 의견을 모아 내용을 수정하기도 해요.

연극 배우
연극 배우는 연기에 재능이 있어야 해요. 대사를 그저 줄줄 외우는 것만으로는 부족해요. 자신이 맡은 배역을 정말 그럴듯하게 표현할 수 있어야 하거든요.

음향 기술자
배우의 대사와 어우러지는 다양한 음악과 효과음을 내보내 무대 위에 소리를 채워요.

무대 조명 감독
대극장에는 수백 개의 조명이 무대를 비추고 있어요. 무대 조명 감독은 자기 자리에서 조명 제어 장치를 만지며 무대 상황에 맞게 조명을 바꾸지요.

무대 감독
연출가가 계획한 대로 공연이 잘 이루어지도록 무대와 관계된 여러 일들을 관리하고 책임지는 사람이에요. 무대 배경이 언제 바뀔지, 배우가 언제 무대에 올라갈지, 어떤 소품이 필요한지 등을 알려 주고 관리하지요.

프롬프터
배우가 대사나 동작을 잊었을 때, 관객이 눈치채지 않게끔 정확한 대사와 동작을 속삭여 줘요.

공연 예술 분장가
완벽한 분장은 배우들의 표정을 돋보이게 해 주죠. 연극의 내용과 인물의 성격에 맞게 배우들을 분장시키는 일을 해요.

헤어 디자이너
배우의 머리 모양을 다양하게 만들어 내요. 가발을 씌울 수도 있어요.

어부

어부와 양식업자 모두 물고기를 잡는 사람이에요. 어부가 강이나 바다에 나가 바로 물고기를 잡는다면, 양식업자는 양식장을 만들어서 물고기를 키우고 필요한 만큼만 잡아요.

양식업자

농학자

농업을 연구하는 사람이에요. 농작물의 생산을 높이고 병충해를 없애기 위해 다양한 연구를 하지요.

원예사

채소, 과일, 꽃 등을 심고 가꿔요.

축산업자

가축을 키우고 거기서 생산되는 알이나 우유, 고기 등을 가공해서 파는 사람이에요. 가축에게 먹이를 주고, 가축의 건강과 번식을 돕지요. 주로 고기나 우유, 치즈 등을 팔아서 돈을 벌어요.

산림 관리자

숲과 숲의 나무를 관리하는 일을 해요. 나무가 건강한지 살피고, 나무를 얼마나 벨지, 또는 나무를 얼마나 심을지 결정하지요.

벌목원

나무를 베기로 결정하면, 벌목원이 톱으로 나무를 베요.

수의사

수의사는 동물에게 예방 주사를 놓고, 병에 걸리거나 다친 동물을 치료하고, 동물들이 새끼를 낳는 걸 도와줘요. 또 농장에서 사용하는 도구들이 위생적인지 확인하는 일도 하지요.

양봉가

꿀을 얻기 위해 벌을 기르는 사람이에요. 벌통을 관리하고, 다른 벌떼가 찾아오도록 작업하고, 여왕벌을 번식시키는 일도 해요. 그리고 꿀, 로열 젤리 등을 만들어 내다 팔지요.

농부

농부는 많은 시간을 밖에서 보내요. 땅을 갈아서 쌀, 보리, 옥수수 같은 작물을 키우고, 닭이나 소 같은 가축을 키우기도 하지요. 농장에서 키워 낸 제품을 소비자들에게 알리고 판매하려면 사업가로서의 자질도 지녀야 해요.

사냥터 관리자

사냥터를 관리하는 사람이에요. 밀렵꾼들의 사냥을 막고, 나무와 야생 동물들의 건강을 책임져요. 겨울철에는 야생 동물에게 먹이를 주기도 한답니다. (우리나라엔 없고 미국, 캐나다 등지에 있는 직업이에요.)

트랙터 운전사

트랙터는 농장의 무거운 짐을 나르는 자동차에요. (외국에는 트랙터만 전문적으로 운전하는 기사가 있어요. 우리나라에서는 농부가 트랙터를 직접 몰아요.)

마부

마부는 말을 부려 마차나 수레를 모는 사람이에요. 말에게 먹이를 주고, 마구간과 마구를 관리한답니다. (외국에서는 트랙터가 들어가지 못하는 곳엔 마차를 사용하기도 해요.)

항해사

항해사는 밤낮으로 배가 어디에 있는지 지켜봐요. 선장의 지시에 따라 배의 항로를 정하고, 돌발 상황이나 변동 사항이 생기면 선장에게 알리지요. 배의 운항과 선원들의 업무도 살펴요.

갑판원

배 안에 설치된 여러 장비를 정비하고 갑판에 있는 시설물 및 장비를 고치는 일을 해요. 또 배가 녹슬지 않게 페인트칠도 하지요.

선박 통신사

배의 무선 통신을 관리해요. 다시 말해 배와 육지, 또는 다른 배하고 연락을 주고받지요.

객실 승무원

객실 승무원은 유람선 객실을 청소하고 수건과 침대보를 갈아요. 객실 승무원 외에도 면세점, 레스토랑, 기념품 매장 등 유람선에 있는 편의 시설마다 담당하는 승무원들이 따로 있어요.

유람선 선장

유람선 선장은 배의 최고 책임자로, 배와 선원, 승객들의 안전을 책임지며 배 안에서 이루어지는 모든 활동을 지휘할 권한이 있어요. 해양법을 잘 알아야 하고, 리더십이 있어야 해요. 만약 사고로 선장이 더 이상 배를 책임질 수 없을 때는 항해사가 선장 역할을 대신한답니다.

레크리에이션 강사

배에 탄 승객들을 즐겁게 해 줘요. 스포츠, 노래, 율동, 퀴즈 등 다양한 오락 프로그램을 짜서 진행하지요.

여행 가이드

유람선 여행 도중 배가 항구에 닿으면, 여행 가이드는 승객들을 이끌고 정해진 시간 동안 관광 안내를 해요.

스포츠 지도사

대형 유람선에는 스포츠 지도사도 있어요. 춤, 요가, 에어로빅댄스, 헬스 등 승객이 다양한 운동을 즐길 수 있게 도와주지요. 또 식이 요법에 대한 조언도 해 줘요.

인명 구조원

수영장이나 해수욕장에서와 마찬가지로, 수영을 즐기는 사람들의 안전을 책임져요. 언제든 물에 빠진 사람을 구해서 응급조치를 할 수 있게 대기해야 해요.

선박 기관사

항해 중에 일어날 수 있는 배의 고장을 예방하는 일을 해요. 엔진에 기름칠이 잘 되어 있는지, 엔진이 지나치게 뜨겁지는 않은지, 배터리는 방전되지 않았는지, 방향타(배의 방향을 조종하는 장치)는 잘 움직이는지 등 수많은 기계 장치가 제대로 돌아가는지 확인하지요.

항공 교통 관제사

공항에서 유일하게 높은 건물인 관제탑에서 일해요. 항공기 조종사에게 기상 상태를 알려 주고 비행기가 안전하게 뜨고 내리도록 돕지요. 또 하늘에 떠 있는 비행기의 이동 경로와 비행 높이도 꿰뚫고 있어야 해요.

항공기 승무원

흔히 여자 승무원은 스튜어디스, 남자 승무원은 스튜어드라고 불러요. 승객의 안전과 편안한 여행을 책임지지요. 외국어를 잘해야 하고, 승객에게 상냥하게 대해야 하며, 돌발 상황에도 잘 대처해야 해요. 승무원은 장시간 비행은 물론이고 주말이나 야간, 휴일에도 비행을 하곤 해서 체력이 좋아야 한답니다.

공항 세관원

승객은 비행기를 타고 내리기 전, 세관 신고와 여권 확인 절차를 거쳐야 해요. 세관원은 승객이 위험하거나 금지된 물건, 그러니까 총기, 마약, 보호 식물 등을 지니고 있지는 않은지 확인하지요.

항공 기상 전문가

날씨가 좋지 않으면 비행이 힘들 수 있어요. 항공 기상 전문가는 기압, 풍속, 구름, 기온을 시시각각 관찰하고 항공기 조종사에게 그 정보를 알려 줍니다.

항공기 조종사

항공기 조종사의 가장 중요한 역할은 비행기를 목적지까지 운항하는 거예요. 하지만 이 밖에도 조종사는 많은 일을 담당하지요. 연료가 충분한지 확인하고, 조종실 시스템이 제대로 작동하는지 점검하고, 비행기의 항로를 짜고, 날씨에 따라 항로를 조정한답니다.

조류 충돌 예방 대원

하늘을 날고 있는 비행기에 새가 부딪치면 비행기가 고장 나거나 자칫 승객과 승무원의 목숨이 위험해지는 사고로 번질 수도 있어요. 그래서 몇몇 공항에서는 새를 쫓는 일을 전문적으로 하는 사람을 두고 있어요. (우리나라는 인천 국제공항 운항 안전 관리 팀에 '야생 동물 통제 관리소'라는 부서가 있어서 공항에 접근하는 새를 막고, 공항 근처의 야생 동물을 관리해요.)

공항 운영 책임자

공항을 운영하고, 직원들을 지휘하는 사람이에요. 활주로 상태를 점검하고, 연료 탱크를 채우고, 비행기에 화물을 싣는 일도 관리하지요. 공항에서 일어날 수 있는 모든 문제를 해결한답니다.

항공기 정비사

항공기 정비사는 어깨가 무거워요. 승객들의 안전을 위해 비행기가 최상의 상태를 유지하도록 어디 고장 난 곳은 없는지 세심하게 살피는 일을 하거든요. 항공기는 점점 더 정교해지고 있기 때문에 정비사들 또한 끊임없이 공부하면서 새로운 기술을 익힌답니다.

21

호텔 지배인

호텔은 살아 있는 생명체와 같아요. 수많은 사람들이 일하고 손님들이 쉴 새 없이 오고 가거든요. 호텔 지배인은 호텔이 원활하게 운영되도록 관리하고 책임지는 사람이에요. 또 호텔을 찾은 손님들이 즐겁게 호텔을 이용할 수 있도록 모든 노력을 기울여요. 그래야 손님들이 기쁜 마음으로 또다시 호텔을 찾을 테니까요.

호텔 주방장

호텔 주방장은 호텔 레스토랑 주방을 이끄는 사람이에요. 손님들의 입맛을 사로잡기 위해 새로운 요리를 개발하고, 최상급 재료를 고르며, 자신의 요리 팀을 진두지휘하지요.

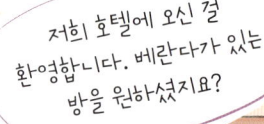

호텔 프런트 사무원

호텔의 얼굴이라고 할 수 있어요. 손님의 이름을 적고, 방을 배정하고, 객실 열쇠를 건네지요. 손님이 바라는 점이나 불편 사항 또한 귀 기울여 들어야 해요. 손님들이 내 집처럼 편안하게 지내다 갈 수 있도록 돕는 게 바로 호텔 프런트 사무원의 역할이니까요.

벨맨

도어맨

호텔의 첫인상은 도어맨이 책임져요. 호텔에 드나드는 손님들을 위해 출입문을 열어 주고, 벨맨을 불러 주지요. 벨맨은 손님의 짐을 옮기고 손님을 프런트와 객실로 안내해요. 또 카드 키, 전화기, 텔레비전, 에어컨 등 객실 시설 이용 방법을 알려 준답니다.

홀 서빙원은 손님이 즐겁게 식사를 할 수 있도록 도와줘요. 자리를 안내하고, 주문을 받고, 순서대로 음식을 나르고, 계산하는 일도 척척 하지요.
기억력이 좋고 빠릿빠릿하며 늘 미소를 잃지 않아야 해요.
소믈리에는 손님이 와인 고르는 걸 돕고, 호텔의 와인 저장실을 관리해요.

소믈리에

홀 서빙원

제과사

온갖 종류의 케이크, 파이, 쿠키 등 입에서 살살 녹는 달콤한 간식을 만들어요. 다양한 조리법을 알아야 하고, 솜씨가 좋아야 해요. 맛은 물론 보기에도 예쁜 간식을 만들어야 한답니다.

호텔 경비원

호텔 경비원은 손님과 손님이 가지고 온 짐을 안전하게 지켜요. 또 문제를 일으키는 사람들을 해결하고, 호텔에 도둑이 숨어들지 못하게 하지요. 만약 뭔가 나쁜 일이 일어난다면, 탐정 역할도 해야겠지요.

바텐더

다양한 술에 과일, 크림, 향신료 등 어울리는 재료를 섞어 여러 가지 맛과 향을 지닌 칵테일을 만들어요. 훌륭한 바텐더는 사람들이 즐겨 찾는 칵테일을 만들어 낼 뿐만 아니라, 완전히 새로운 칵테일을 창조해 내기도 해요.

바리스타

커피를 만드는 커피 전문가예요. 손님이 주문한 커피를 재빠르게 만드는 것은 물론 커피에 대한 상식도 많아야 하지요. 솜씨 좋은 바리스타는 우유 거품으로 나뭇잎, 꽃 등을 표현하는 '라테 아트'를 더해 손님을 즐겁게 해 줘요.

심장 전문의

외과 의사

의학은 공부하기 어렵고 까다로운 학문이에요. 의과 대학을 졸업하면 의사들은 자신이 전문적으로 연구할 전공 분야를 선택해요. 이렇게 선택한 전공 분야에 대해 더 많이 공부해야 하지요. 여러 분야 중에서 다친 곳이나 몸속 장기 등을 수술하는 의사를 외과 의사라고 해요. 심장 전문의는 심장을 전문적으로 연구하고 다양한 심장 질환을 치료하는 의사를 말해요.

간호사

간호사는 의사의 오른팔이에요. 질병 검사, 수술, 분만 등을 돕고, 환자의 상태를 확인하고, 혈액을 뽑거나 혈압을 재요.

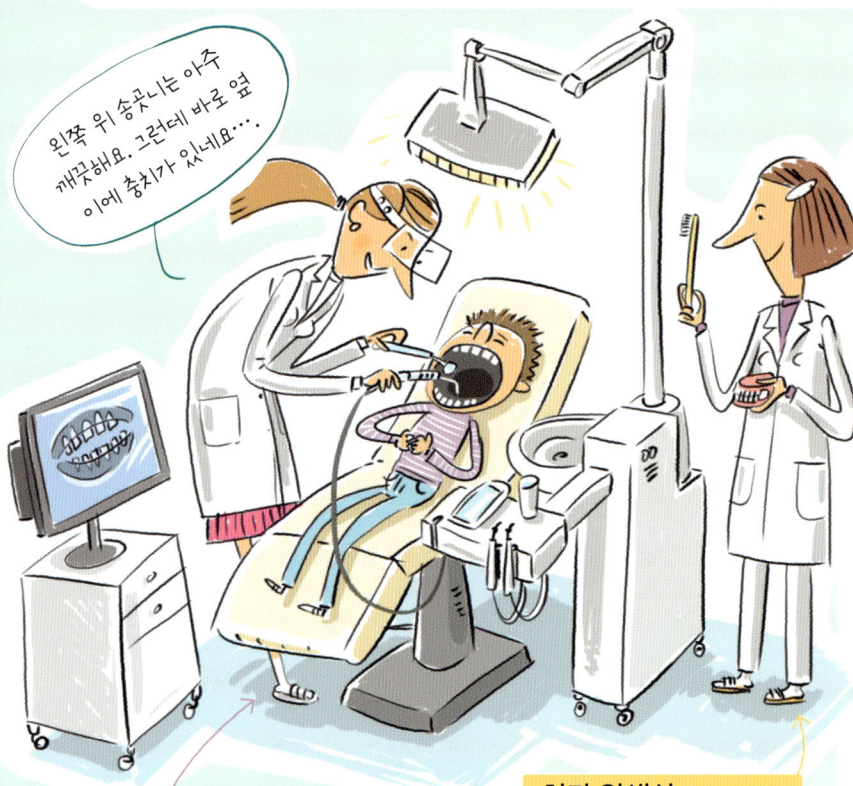

치과 의사

치과 위생사

치과 의사는 충치와 잇몸을 치료하고 보철 치료를 통해 이를 고르게 해 줘요. 치과 위생사는 치과 의사의 치료를 돕고, 환자에게 이를 올바르게 관리하는 법을 설명해 주지요. 또 환자의 진료 기록과 치료 기구도 관리해요.

검안사

종합 병원이나 큰 안과 병원에서 일하는 검안사는 안과 의사의 진료 전에 전문 장비를 이용해 환자의 시력이나 눈의 상태를 검사하는 사람이에요. (검안사가 하는 일은 나라마다 조금씩 다른데, 우리나라에는 안경사 제도가 있어 안경사가 시력을 검사하고 그에 맞는 안경이나 콘택트렌즈를 추천해 줘요. 미국이나 캐나다에서는 검안사가 안경사 역할을 하지요.)

소아과 의사

신생아부터 청소년까지, 아직 성인이 되지 않은 환자를 전문적으로 담당하는 의사예요. 성장기 아이들은 성인에 비해 섬세한 진단과 치료가 필요하거든요. 아기에게 예방 주사를 놔 주고, 아이가 단계에 맞게 올바르게 성장·발달하고 있는지 검사하는 것도 소아과 의사의 일이에요.

물리 치료사

물리 치료사는 환자의 부상에 따른 후유증과 선천적인 장애 등을 치료하거나 교정하는 일을 해요. 신체의 각 부위가 어떻게 생겼고 어떻게 움직이는지 잘 알고 있지요. 환자가 가장 불편해하는 곳을 집중적으로 치료해서 정상적인 생활을 할 수 있게 도와줘요.

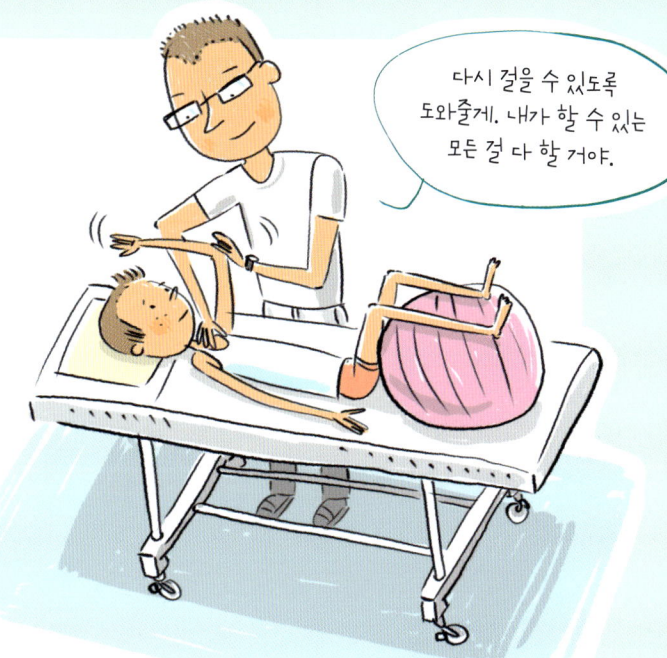

산부인과 간호사

미래의 엄마들을 돌보는 일을 해요. 산부인과 의사를 도와 임산부와 배 속의 태아가 건강한지 검사하고, 필요에 따라 여러 가지 조언을 해 주지요. 또 출산을 돕고 신생아를 돌보는 것도 산부인과 간호사의 일이에요.

약사

약사가 약을 지어 건네주고, 올바른 복용법을 알려 주고, 부작용을 피하는 방법을 일러 주는 일만 하는 건 아니에요. 예를 들어 제약 회사에서 일하는 약사는 여러 연구 과정을 거쳐 새로운 약을 개발한답니다.

도서 판매원

훌륭한 도서 판매원은 책을 많이 읽어요. 그리고 새로 출판된 책이나 베스트셀러를 줄줄 꿰고 있지요. 손님이 찾는 책이 어디에 있는지 안내해 주고, 때로는 역사물이나 추리물, 또는 무서운 이야기를 좋아하는 사람들에게 좋은 책을 추천해 주기도 해요.

화물차 운전사

장거리 운전을 할 때가 있어 체력이 좋아야 해요. 능숙한 운전 실력은 기본이고요. 실수 없이 물건을 실어서 배달해야 하고, 도착 시간도 잘 지켜야 한답니다.

창고 관리자

화물차 운전사가 쇼핑몰에 물건을 실어 오면, 창고 관리자는 물건에 이상은 없는지, 수량은 맞는지 확인하고서 문제가 없으면 창고에 넣어요. 또 창고를 깨끗하게 관리하지요.

플로리스트

아름다운 결혼식 부케나 꽃다발을 만들어 줄 사람이 필요한가요? 아니면 실내를 꽃으로 장식할 사람이 필요한가요? 그럼 플로리스트를 찾아가 보세요. 플로리스트는 꽃을 잘 알고 미적 감각이 뛰어나답니다. 꽃을 어떻게 키우고 관리하는지, 어떤 꽃이 서로 어울리는지 잘 알지요.

패션 디스플레이어

의류 판매장의 마네킹 스타일링은 물론, 소품 등을 이용해 쇼핑몰 전체를 멋지게 꾸며 줘요. 또 신상품이나 기획 상품을 눈에 잘 보이게 진열하지요. 뛰어난 미적 감각뿐만 아니라 공간에 대한 상상력을 갖춰야 해요.

은행원

돈이 필요해 빌리거나 남는 돈을 저축해 이자를 받고 싶다면, 은행원이 좋은 방법을 알려 줄 거예요. 은행원은 은행에 어떤 상품이 있는지 잘 알고 있어 여러분에게 필요한 상품을 골라 줄 수 있어요.

이 상품이 이자가 가장 높답니다.

구입해 주셔서 감사합니다. 신용 카드, 현금 중 무엇으로 결제하시겠어요?

계산원

손님이 물건을 얼마어치를 구입하든 계산원에겐 아무런 문제가 되지 않아요. 자동으로 계산해 주는 금전 등록기가 있으니까요.

의류 판매원

각 판매장의 판매원들은 자기가 파는 상품들을 잘 알고 있어요. 의류 판매원은 손님에게 어울릴 만한 옷을 추천해 주기도 해요.

다른 사이즈로 한번 입어 보세요. 색상은 이게 손님한테 딱이네요!

자, 딸기 맛, 바닐라 맛, 사과 맛 아이스크림입니다!

아이스크림 판매원

아이스크림은 더운 여름뿐만 아니라 추운 계절에도 인기가 있어요. 달콤하고 시원한 아이스크림은 사람들을 기분 좋게 만들어 주지요. 아이스크림 판매원은 손님이 주문한 아이스크림을 척척 담아낸답니다.

교사

학교 교사는 학생들에게 공부를 가르치고 바른 인성을 갖도록 지도해요. 초등학교 교사는 대부분의 과목을 가르칠 수 있어야 하고, 중·고등학교 교사는 자신의 담당 과목이 있어요.

특수 교육 교사

병이 있거나 장애가 있는 친구들은 다른 친구들과 똑같은 방식으로 공부하기 힘들어요. 특수 교육 교사는 이런 친구들에게 수화나 점자, 교구 등 특별한 도구나 방법을 사용해서 맞춤형 교육을 하지요.

교장

교장은 학교가 원활하게 운영될 수 있도록 여러 가지 일을 해요. 교사와 학교 직원들의 책임자로, 어려운 문제가 생기면 나서서 해결하지요.

비서

(다른 나라의 경우, 교장이 비서를 두고 일하기도 해요.)
비서는 교장의 일정을 관리하고 필요한 자료를 준비하지요.

진로 진학 상담 교사

학생들이 전공과목과 미래 직업을 선택하는 데 도움을 주는 교사예요. 요즘은 초등학교 때부터 진로 교육이 강조되고 있지요.

상담 교사

고민거리가 있지는 않나요? 그렇다면 상담 교사를 찾아가 보세요. 여러분의 이야기를 잘 들어 주고, 어떻게 하면 좋을지 조언해 줄 거예요.

학교 보안관

학교를 안전하고 깨끗하게 관리해요. 또 건물에 문제가 생기거나 시설이 고장 나면 고치지요. 물론 해결이 어려운 문제는 전문 회사에 맡겨요.

사서

학교 도서관에서 없어서는 안 될 사람이에요. 어떤 책을 사다 놓을지 결정하고, 책을 분류하고, 학생과 교사들에게 책을 빌려주지요. 때로는 좋은 책을 추천해 주기도 해요.

방과 후 교사

초등학교에는 수업이 끝난 뒤 체육, 미술, 바느질, 영어, 컴퓨터 등을 배울 수 있는 방과 후 교실이 마련돼 있어요. 방과 후 교사는 수업이 끝난 아이들에게 이런 다양한 활동을 가르쳐요.

119 종합상황실 요원

만약 누군가가 다쳤다면 곧바로 119에 신고하세요. 119 응급 안내 센터 안내원이 전화를 받아서 안내를 해 줄 거예요. 119 응급 안내 센터 안내원은 무슨 일이 어떻게 발생한 것인지 재빨리 파악하고, 신속하게 구조대를 보내요. 또 구조대가 도착할 때까지 다친 사람을 어떻게 돌봐야 하는지 알려 주지요.

산악 구조대원

산악 구조대원은 산에서 다치거나 길을 잃은 사람들을 구조하는 일을 해요. 등산, 스키, 비행 등 다양한 훈련과 응급 처치 교육을 받아야 하지요. 산에서 부상자를 찾으면 일단 응급 처치를 하고, 제대로 치료를 받을 수 있는 곳으로 데려다줘요.

경찰견 핸들러

실종자, 숨겨 놓은 폭발물, 마약 등을 찾아야 할 때 전문적으로 훈련받은 경찰견과 경찰견 핸들러가 활약하지요. 경찰견은 예민한 코로 사건을 해결해요. 사건이 없을 때 경찰견을 훈련시키고 돌보는 것도 경찰견 핸들러의 일이에요.

경찰관

구조 현장에는 경찰관이 투입되기도 해요. 자동차, 오토바이, 자전거 등을 타고 현장에 출동하지요. (우리나라에는 사라졌지만, 미국이나 캐나다에서는 경찰관이 말을 타고 구조 현장에 출동하는 기마 경찰이 있어요.)

소방관

소방관이 불 끄는 일만 하는 건 아니랍니다! 위험한 상황에 놓인 사람들도 구조하지요. 깊은 산속, 홍수가 난 곳, 자동차 사고난 곳 등 소방관의 손길이 필요한 곳은 무척 많아요.

응급 구조사

신속한 응급조치가 필요할 때 구급차가 환자를 도우러 출발해요. 대부분 운전기사와 응급 구조사가 함께 가는데, 응급 구조사는 의사와 거의 비슷한 교육을 받아요. 긴박한 상황에서는 의사의 지시 없이도 적절한 조치를 취할 수 있어야 하니까요.

잠수사

잠수사는 깊은 물속에 들어가 실종자나 잃어버린 물건을 찾아요. 때로는 군대와 협력해서 국가의 중요한 임무를 맡지요. 이처럼 육체적으로 힘든 상황을 견뎌야 하고, 강인한 정신력을 지녀야 하며, 수영 실력도 뛰어나야 해요. 무척 힘든 직업이지요.

폭발물 처리사

군대나 경찰에는 폭발물 처리사가 따로 있어요. 의심스러운 물체를 발견하면 폭발물 처리사가 출동해 의문의 물체를 조사하지요. 만약 폭발물이라고 밝혀지면 해체 작업을 시작해요.

도장공

페인트칠을 전문으로 하는 직업이에요. 여러 가지 색깔을 만들어 벽을 칠하고 무늬나 도안을 그려 넣기도 하지요. 도장공의 손을 거치면 칙칙하던 공간이 아름답게 바뀐답니다.

가장 믿음직한 나의 조수는? 바로 붓, 롤러, 양동이, 그리고 사다리지!

꿈의 집을 원하나요? 콘서트홀, 기차역, 다리를 원한다고요?

건축가

건축 계획, 설계, 공사 등 건물을 처음부터 끝까지 책임지고 만들어 내는 사람이에요. 건축가는 예술가이기도 하지만 건축과 관련된 기술적인 부분까지 모두 다 알아야 해요. 그래야 완성된 건물이 안전하고 제 기능을 할 테니까요.

공사 현장 관리자

건축이 시작되면 공사 현장 관리자가 가장 중요한 역할을 맡게 돼요. 설계 도면을 꼼꼼히 검토하고 실제 공사가 도면대로 진행되고 있는지, 공사 일정엔 문제가 없는지 관리, 감독하지요. 또 건축 자재를 주문하고 일꾼들에게 일을 나눠 줘요.

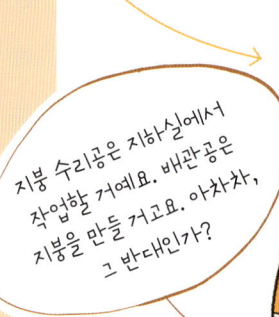

지붕 수리공은 지하실에서 작업할 거예요. 배관공은 지붕을 만들 거고요. 아차차, 그 반대인가?

조경 설계사

꽃이나 나무를 어디에 어떻게 심을지 계획하고 관리, 감독하는 직업이에요. 꽃과 나무에 해박한 지식이 있어야 하고 예술적 감각이 뛰어나야 해요.

그 다년생 식물은 저쪽에 가져다 놓으세요.

건축 설계사

건축가가 건물의 큰 그림을 그린다면 건축 설계사는 건축가가 그린 그림을 바탕으로 세세하고 꼼꼼하게 보완해서 최종 완성을 해요. 이를테면 상하수도관, 전선, 열선을 어디에 설치할지 결정하는 거죠.

함석공

함석공이나 지붕 잇기공은 주로 높은 곳에서 일해요. 함석공은 금속 재료를 이용해 굴뚝이나 처마 등을 꼼꼼히 마감하고, 지붕 잇기공은 지붕이 새지 않도록 타일이나 기와 작업을 하지요.

지붕 잇기공

부동산 중개인

아파트, 주택, 가게를 팔거나 사려면 부동산 중개인을 찾아가야 해요. 부동산을 팔고 싶은 사람에게는 살 사람을 찾아 주고, 부동산이 필요한 사람에게는 조건에 맞는 부동산을 추천해 주는 사람이거든요.
또 나중에 문제가 생기지 않도록 집을 꼼꼼하게 살피고, 계약 조건을 협상하고, 부동산 거래에 필요한 서류 준비를 도와줘요.

전기공

벽돌공

벽돌공은 벽돌, 콘크리트, 모르타르(시멘트에 모래를 섞고 물로 갠 것) 등을 이용해 벽을 세워요. 벽돌공이 일을 마치기 전에 전기공이 먼저 작업을 해야 해요. 전기공이 전선을 깔고, 소켓과 스위치를 단 다음에야 벽을 완성할 수 있지요.

배관공

주방, 욕실, 정원을 완성하려면 배관공이 꼭 필요해요. 배관공이 없다면, 물을 제대로 사용할 수 없지요. 배관공은 수도관과 싱크대, 수도꼭지를 설치하고, 고장이 나면 수리를 해요.

역장

기차역 전체를 관리하고 책임져요. 기차가 순조롭게 도착하고 출발할 수 있도록 기차역의 모든 걸 파악하고 있어야 하지요. 열차 지연이나 사고를 예방하는 일도 역장의 몫이에요.

열차 기관사

기차를 운전하는 직업이에요. 기차가 출발하기 전에 기차 주변을 살피거나, 모니터 화면을 통해 특별한 이상은 없는지 확인해야 해요. 기차 운전에 능숙해야 하고, 어떤 상황에서도 신속하게 대처할 수 있어야 하지요.

열차 홈 안내원

기차역에서 신호판이나 깃발 등을 들고서 열차 기관사에게 출발해도 좋다는 신호를 보내요.

철도 차량 품질 검사원

기차의 설비에 이상이 없는지 확인해요. 기차를 이루는 주요 장치들이나 부품을 꼼꼼히 살피고, 출입문, 냉난방 장치 등을 점검하지요. 만약 고장 난 곳을 찾으면 철도 차량 정비원에게 수리를 맡겨요.

철도 차량 정비원

철도 교통 관제사

수백 대의 기차가 도착하고 출발하는 것을 조화롭게 관리하는 일은 절대 간단하지 않아요. 승객들이 너무 오래 기다리지 않으면서도 기차끼리 충돌하지 않도록 계획을 잘 세우고 관리해야 하지요. 이것이 바로 종합사령실에서 일하는 철도 교통 관제사의 역할이에요. 비상 상황이 발생했을 때는 대처 방안을 마련해 열차 기관사에게 지시를 내려요.

열차 승무원

승객들의 기차표를 확인하고 식사나 간식거리를 팔아요. 또 기차 안의 조명, 냉난방, 환기구 등을 관리하지요. 승객들이 안전하고 편안한 여행을 즐길 수 있도록 돕는 것이 열차 승무원의 주된 업무랍니다.

열차 신호원

기차가 원활하게 운행되고 있는지 살피고, 역 안으로 들어오는 기차를 지정된 선로로 이동시키기 위해 선로를 바꾸기도 해요. 또 가까운 역과 연락하여 열차의 도착 및 출발 상황을 알려 주지요.

철도 시설 관리자

선로가 없으면 기차는 달리지 못해요. 철도 시설 관리자는 선로를 비롯해 선로가 통과하는 터널, 방음벽 등을 관리하는 책임자예요. 만약 선로를 비롯한 각종 시설물에 문제가 있다면 선로 보수원을 불러서 문제를 해결해요.

선로 보수원

발레 무용수

발레를 전문적으로 추는 무용수로, 여자는 발레리나, 남자는 발레리노라고 불러요. 우아하게 움직이고, 높이 뛰어오르고, 한쪽 발로 딛고 서서 빙그르르 도는 아름다운 무대 뒤에는 상상조차 힘든 피나는 노력이 있어요. 발레 무용수는 최상의 컨디션을 유지하고 동작을 완벽하게 표현하기 위해 하루에 몇 시간씩 고된 연습을 한답니다.

오페라 작곡가

오페라 대본 작가

뛰어난 오페라 공연은 대본 작가와 작곡가가 긴밀하게 일할 때 탄생해요. 대본과 음악이 조화를 이루어야 하니까요. 대본 작가는 오페라의 대본을 쓰고, 작곡가는 오페라의 음악을 작곡해요. 작곡가는 대개 악기 한두 가지쯤은 다룰 수 있어요. 악기를 못 다루더라도 어떤 악기가 홀로, 또는 함께 어울려 어떤 소리를 낼지 떠올릴 수 있어야 하지요.

합창단 지휘자

합창단을 이끄는 사람이에요. 합창단이 부를 곡을 선정하고, 새로운 곡을 연구하고, 연습을 이끌어 나가고, 독창 파트를 지정해 주지요.

오페라 가수

오페라 가수가 오페라 무대에서 끝까지 노래를 잘 부르려면, 음악을 이해하는 귀가 있어야 하고 목소리가 아름다워야 해요. 그리고 무엇보다도 엄청난 연습을 해야 하지요. 연습을 할 때는 보컬 트레이너의 지도 아래 성대를 훈련시키고, 자신의 창법을 몸에 익힌답니다.

발레 마스터

무용수들을 지도하고 훈련시키는 사람이에요. 무용수들에게 발레를 지도하면서 어떤 무용수가 어떤 역할을 맡을지도 결정하지요. 때에 따라서는 발레 마스터가 공연 무대에 오르기도 해요.

발끝으로 돌 때에는 좀 더 빨라야지!

지휘봉이 나의 악기지.

오케스트라 지휘자

악기를 연주하지는 않지만, 오케스트라에서 가장 중요한 역할을 해요. 연주자들과 곡을 연구하고, 함께 연습하고, 콘서트를 지휘하지요. 또 자신이 이끄는 오케스트라 단원들에게 연주할 차례와 악기의 속도와 세기를 알려 준답니다.

반주자

피아노를 치며 연습에 함께해요. 발레는 물론이고 오페라 가수나 합창단이 새로운 부분을 연습할 때 없어서는 안 될 존재이지요.

곡 전체를 딱 열 번만 더 연습합시다. 그러고 나서 좀 쉬죠.

춤은 상황을 온몸으로 표현하는 예술입니다. 춤으로 성격과 감정, 분위기를 나타내지요.

보컬 트레이너

안무가

대본 작가와 작곡가에 이어 오페라 공연에서 가장 중요한 역할을 해요. 안무가는 무용수와 배우가 작곡가의 음악에 맞춰 춤으로 어떻게 표현할지 결정해요. 또 리허설에도 참여하지요.

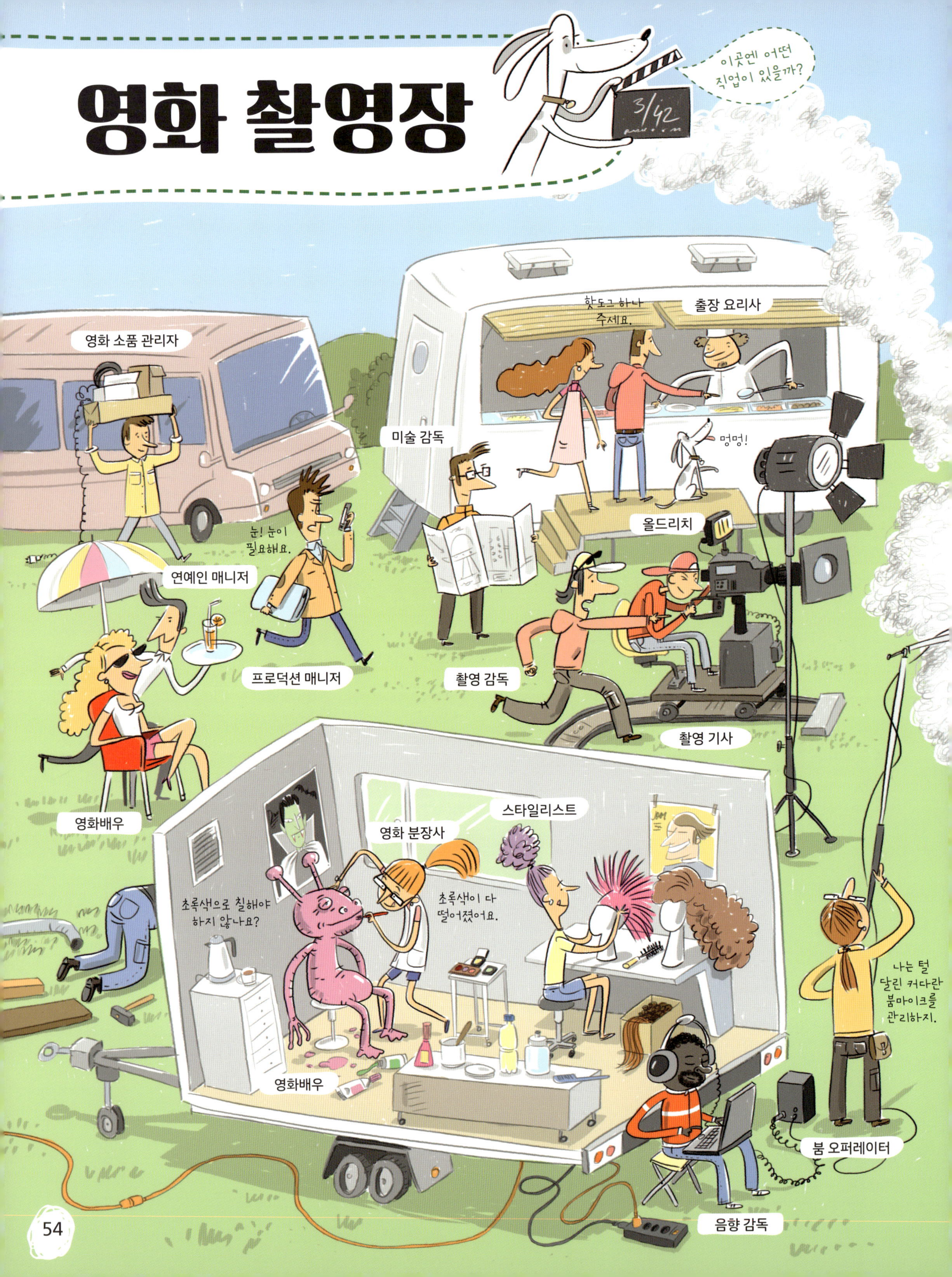

미술 감독

미술 감독은 배우의 의상, 집과 자동차, 심지어 숲의 모양까지도 결정해요. 화면에 영화가 담기는 모습을 디자인하고, 작품에 어울리는 가구와 소품 등을 고르지요. 물론 이 모든 작업은 작품을 완벽하게 이해하고 나서야 할 수 있는 거예요.

영화 대본 작가

새로운 이야기를 만들어 내기도 하고 다른 사람의 아이디어나 책을 기초로 이야기를 재구성하기도 해요. 대본에는 줄거리, 등장인물, 대사가 어우러져 있어요. 대본은 영화의 기본이자 기초랍니다.

영화 연출 스크립터

영화 촬영과 관련된 거의 모든 것을 기록하고 챙겨야 해요. 촬영에 들어가기 전에 영화 대본을 확인하고, 줄거리에 실수는 없는지, 갑자기 배우의 의상이나 소품 같은 것들이 바뀌진 않았는지 등을 점검하지요.

영화 프로듀서

영화 프로듀서는 어떤 영화를 찍을지 결정하고, 영화 제작에 필요한 돈을 마련하고, 어디에 쓸지 계획하고, 영화 감독, 미술 감독, 촬영 감독, 음향 감독, 편집 기사 등을 섭외해 영화 팀을 꾸려요.

"나, 촬영 감독은 촬영 기사와 힘을 합쳐 영화의 멋진 장면을 만들어 내지."

촬영 기사

촬영 감독

촬영 감독은 어떤 장면을 어떤 각도로 찍을지, 배경에 어떻게 조명을 비출지, 각 장면을 얼마 동안 찍을지 결정해요. 촬영 감독의 지시에 따라 촬영 기사가 카메라를 움직이지요.

프로덕션 매니저

"효율적이고 경제적인 영화 촬영을 위해 내가 있는 거라고!"

촬영 순서 결정, 단역 및 대역 배우 고용이나 장비 임대, 소품이나 의상 제작, 촬영 장소 협의, 숙박 예약 등 영화 촬영에 필요한 행정적인 절차를 책임져요. 이 모든 걸 효율적으로 관리해야 촬영 비용을 아낄 수 있지요.

"위험한 장면을 멋지게 연기할 수 있도록, 나는 꾸준히 훈련한다고!"

대역 배우

배우가 직접 하기 힘든 위험한 장면 연기를 대신 하는 직업이에요. 예를 들어, 산을 기어오르고, 높은 곳에서 뛰어내리고, 잠수하고, 칼을 휘두르고, 자동차 추격전을 벌이는 등의 연기를 하지요. 운동 신경이 뛰어나야 하며, 연습을 게을리하지 않아야 해요.

"좋아. 둘이 만나서 결혼하고… 낭만적인 신혼여행을 떠나고…."

영화 편집 기사

영화 편집 기사는 각 촬영 장면을 자연스럽게 이어 붙여서 영화의 최종 결과물을 완성해요. 줄거리, 소리, 영상을 잘 짜 맞추어야 해요. 그래야 관객들이 그 작품에 푹 빠질 수 있을 테니까요.

취재 기자

잡지에 실을 흥미로운 주제를 찾아서 발로 뛰어다녀요. 또 전화나 인터넷, 정보 서적 등의 도움을 받아 인터뷰도 하지요. 단순히 좋은 이야깃거리를 발굴했다고 해서 기사가 빛나는 건 아니에요. 기사를 논리적이면서도 재밌게 쓸 줄 알아야 하지요.

편집장

편집장은 다음 호 잡지에서 어떤 주제를 다룰지 결정해요. 편집장이 직접 기사를 쓸 필요는 없지만, 훌륭한 관리 기술은 반드시 필요하지요. 편집장은 편집부 전체를 꾸리고, 예산을 관리하고, 직원들과 서로 긴밀하게 의견을 주고받아요.

통역사

취재 기자가 외국 영화배우나 정치인과 인터뷰를 해야 할 때 통역사의 도움을 받기도 해요. 통역사는 기자와 그가 인터뷰하는 사람의 언어를 모두 완벽하게 이해하고 있어야 해요. 그래야 대화를 정확하게 옮길 수 있으니까요.

교정 교열 편집자

잡지를 인쇄하기 전, 교정 교열 편집자는 오자나 탈자, 문법에 어긋나는 표현이 있는지, 문장 부호는 제대로 되어 있는지 등을 확인해요. 빠른 속도로 정확하게 문장을 다듬어야 하지요.

잡지 기획 편집자
최종 기사를 잡지에 싣기 전, 기사를 편집해요. 취재 기자가 쓴 기사를 검토하고 문체를 다듬고 분량을 알맞게 맞추지요. 취재 기자와 잡지 기획 편집자의 일이 따로 나뉘어 있지 않은 잡지사도 있어요.

웹 디자이너
지금은 대부분의 잡지사가 홈페이지를 운영하고 있어요. 웹 디자이너는 홈페이지를 디자인해요. 어떻게 디자인해야 이용자가 편리할지 고민하면서 말이에요. 웹 마스터는 정보를 업데이트하며 홈페이지를 관리하지요.

편집 디자이너
컴퓨터 프로그램을 이용해 기사와 사진을 독자가 보기 편하게 배치하고, 예쁘게 꾸며요.

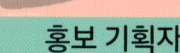

사진 기자
기사에 넣을 사진을 찍어요. 기사 내용에 따라 스튜디오에서 모델 사진을 찍기도 하고, 쟁점으로 떠오르고 있는 사회적 사건의 현장을 찍기도 해요.

광고 영업자
직원들에게 월급을 주고 잡지를 만드는 데 필요한 비용을 마련하기 위해 잡지사는 광고주와 구독자를 모아야 해요. 그래서 광고 영업자와 홍보 기획자가 필요한 거예요. 이들은 수익을 올리기 위해 다양한 판촉 활동 계획을 세우고 영업을 하지요.

미술품 복원사

미술품 복원사는 조각품, 그림, 항아리, 융단 등 오래되었거나 손상된 예술품을 되살려 내지요. 솜씨가 좋아야 할 뿐만 아니라 예술가적 자질도 있어야 해요. 복원 작업을 시작하기 전에 그 물건이 만들어진 당시에 사용된 기법을 충분히 연구해서, 그 기법대로 복원해야 하지요.

전시 디자이너

전시가 사람들의 시선을 끌기 위해서는, 그저 귀중한 물건을 진열용 유리 상자 안에 넣어 두기만 해서는 안 돼요. 전시 디자이너는 관람객의 흥미를 끌 만한 여러 가지 방법을 고민해야 하지요.

광물학자

식물학자

이 세상에 있는 딱정벌레만 35만 종이 넘어요. 곤충학자는 이렇게 다양한 곤충들을 연구하는 학자예요. 심지어 멸종한 곤충까지도요!
마찬가지로, 인류학자는 인간에 대해, 식물학자는 식물에 대해, 광물학자는 광물에 대해 잘 알고 있어요.
박물관에서는 박물관 특성에 맞게 여러 분야의 전문가들을 고용한답니다.

인류학자

곤충학자

큐레이터

박물관 한 곳에서 값비싸고 오래된 예술 작품을 모두 다 갖출 수는 없어요. 그래서 큐레이터가 박물관에서 수집할 물건들을 선별하지요. 큐레이터는 예술, 자연 과학, 역사 등 다방면으로 지식이 풍부해야 해요. 이런 지식을 바탕으로 수집품의 가치를 제대로 파악해야 하거든요. 큐레이터는 수집품을 관리하고, 그 목록을 작성하고, 전시를 기획하지요.

고고학자

고고학자는 할머니네 집 평범한 항아리 조각과 골동품 조각의 차이를 알아차릴 수 있어요. 현장 탐사에 참여하고, 출토된 유물을 연구하고, 유물이 만들어진 시기를 추정하고, 그 유물의 가치를 평가해요.

어느 것 하나 중요하지 않은 조각이 없어.

이제 이 그림은 앞으로 200년은 거뜬할 거야.

소장품 관리사

박물관이 소장하고 있는 귀중한 물건이 상하지 않도록 전문적으로 보관하고 관리하는 사람이에요. 소장품을 살펴 해충이나 곰팡이, 각종 오염 물질 등을 섬세하게 제거하고, 약품 처리를 통해 보존 기간을 늘려 줘요. 또 소장품 보관 장소의 온도, 습도, 빛의 세기 등도 신경 쓰지요.

언론 홍보 마케터

새로운 전시회 준비를 마치면, 언론 홍보 마케터가 가능한 한 많은 사람에게 전시회를 알리려고 노력해요. 신문에 보도자료를 보내고, 라디오 및 텔레비전 방송국 사람들과 인터뷰를 하지요. 그래야 관람객이 더 많이 찾아올 테니까요.

우리 함께 그림을 그려 볼까?

이번 전시회는 관람객을 과거로 데려다줄 것입니다.

박물관 교육사

박물관에 가면 호기심 많은 아이들과 어른들 모두 교육사의 도움을 받을 수 있어요. 교육사는 사람들에게 전시물을 보여 주고 관련된 다양한 이야기를 들려주지요. 때로는 관람객을 이끌고 다양한 체험 활동을 한답니다.

예술 스튜디오

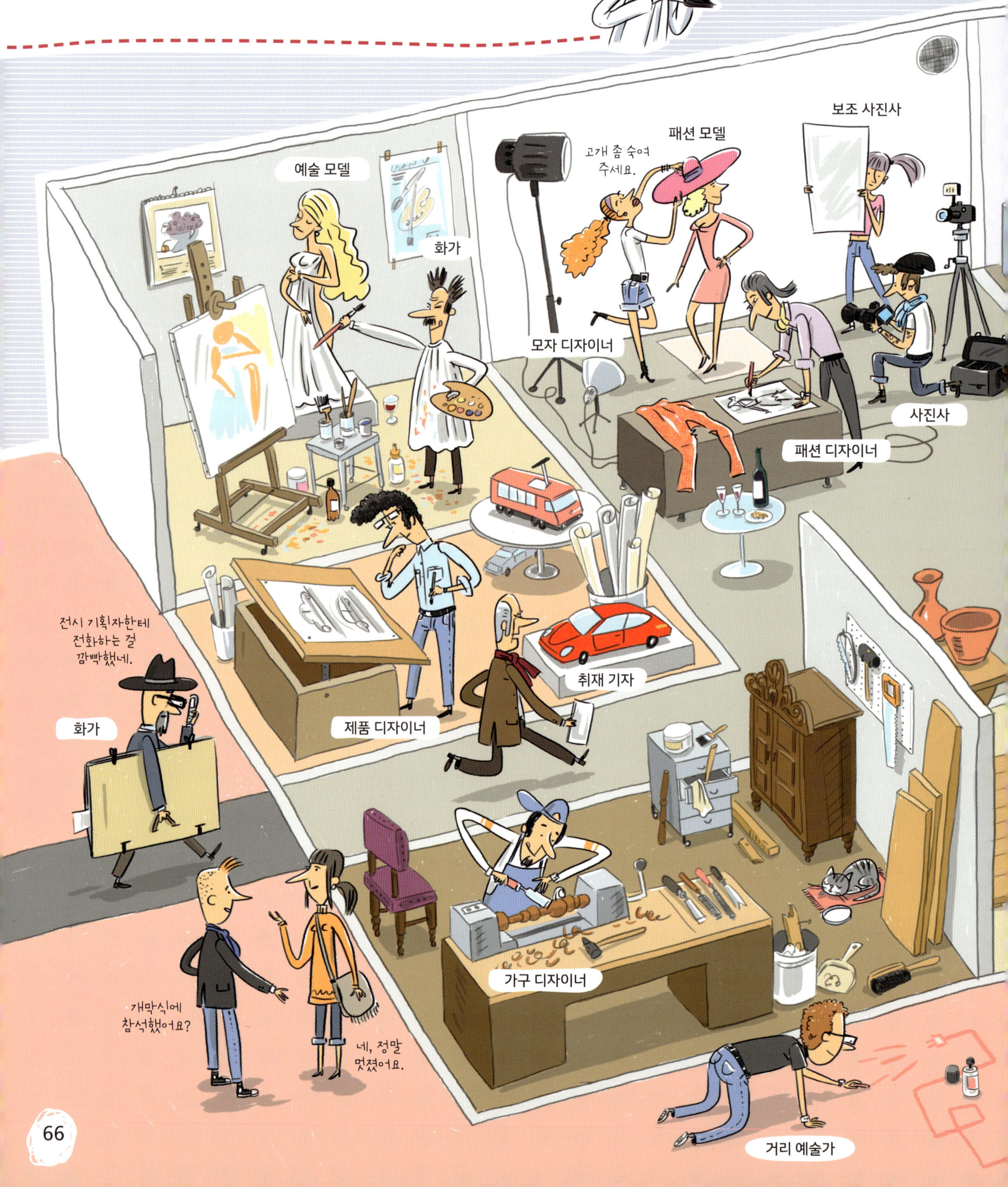

가구 디자이너

곡선이 아름다운 옷장, 멋진 안락의자, 빙글빙글 돌아가는 독특한 탁자. 이 모든 것을 가구 디자이너가 만든답니다.

화가

화가가 성공하려면 엄청난 재능이 있어야 해요. 그림을 그리는 스타일과 기법은 배울 수 있어도 대단한 상상력은 타고나야 하거든요. 게다가 독창적이어야 해요. 그렇지 않으면 눈에 띄는 작품을 만들어 낼 수 없을 테니까요.

행위 예술가

행위 예술가는 배우, 사진사, 무용수, 가수 등 그 어떤 모습으로도 바로 변신할 수 있어요. 행위 예술가에겐 자기 몸 자체가 표현의 도구랍니다. 몸으로 시간과 공간을 넘나들며 관람객에게 메시지를 전달하지요. 공연은 즉흥적일 수도, 미리 준비한 것일 수도 있어요.

일러스트레이터

책, 잡지, 웹 사이트 등에 그림을 그리는 일을 해요. 작업을 맡긴 사람이 특별히 원하는 대로, 아니면 글을 꼼꼼히 읽고 나서 그 글에 어떤 그림이 어울릴지 생각하며 그림을 그리지요.

조각가

나무, 돌, 금속, 플라스틱 등의 재료를 사용해 자신만의 예술 작품을 만들어 내요. 실제 모델이 있으면 그 모델과 거의 똑같이 표현하기도 하고, 완전히 상상력을 펼쳐 추상적인 작품을 완성하기도 하지요.

패션 디자이너

아이디어와 예술적인 감수성이 뛰어나야 해요. 또 옷감에 대한 다양한 상식은 물론 재봉 기술도 좋아야 하지요. 그래야 아름다운 옷을 만들 수 있답니다!

모자 디자이너

깃털 모자, 챙 달린 모자, 탐정 모자…. 색다른 모자를 원하나요? 제가 직접 만들어 드릴게요.

보석 세공사

아름다운 원석과 금속을 가공해 새로운 액세서리를 만들어 냅니다. 미적 감각이 뛰어나고 솜씨가 좋아야 하며, 때로는 고객이 원하는 것을 잘 반영해야 해요.

제품 디자이너

우리 주변에 있는 수많은 제품, 예를 들어 의자, 청소기, 자동차, 책, 그릇 등이 탄생하는 데는 디자이너의 손길이 필요하답니다. 제품 디자이너는 자기가 만드는 제품이 색상이나 모양이 아름다울 뿐만 아니라 실생활에서도 유용하도록 디자인해야 하지요.

자연에는 완벽한 형태가 너무나 많아.

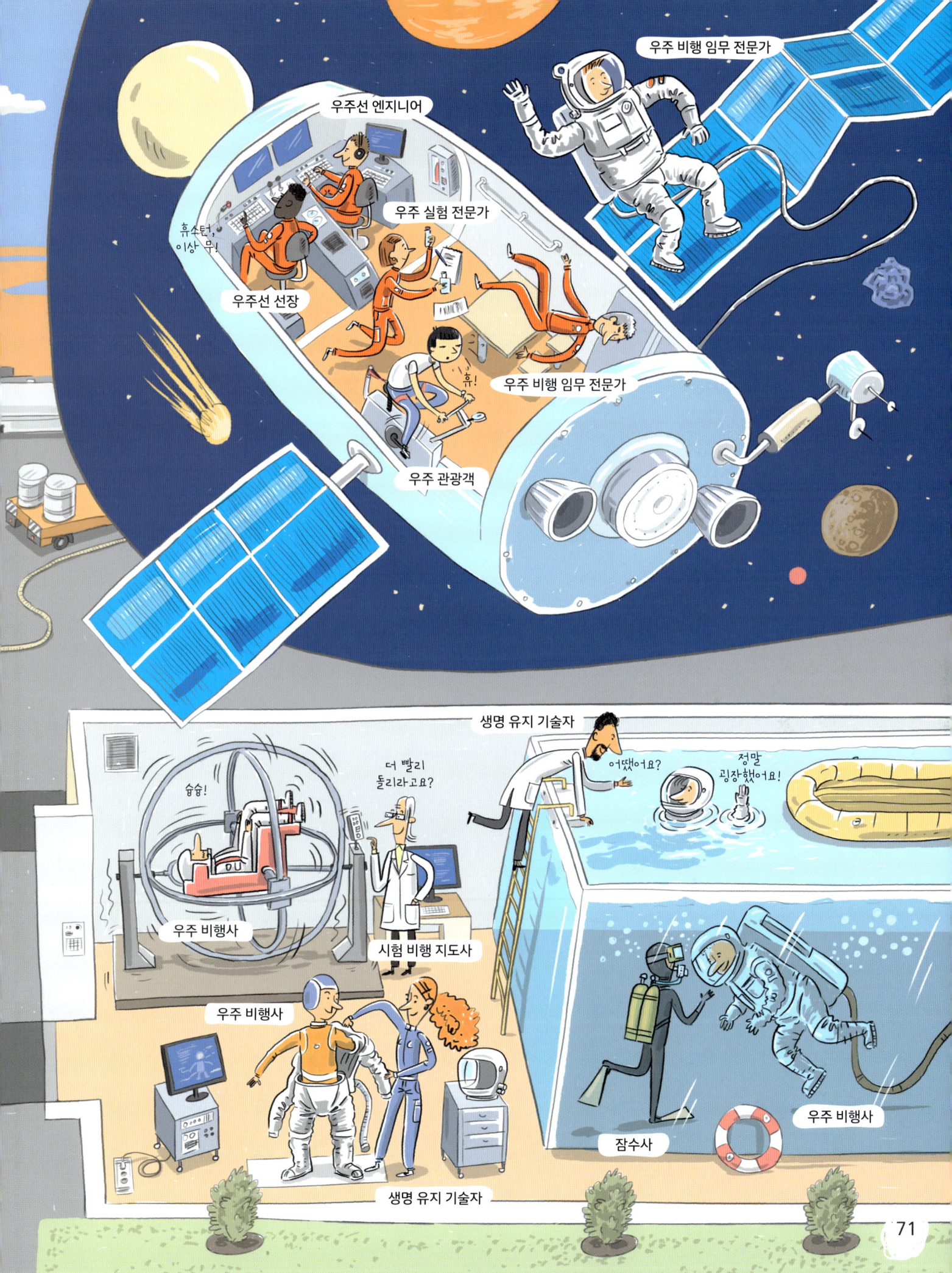

우주 비행사

공학, 물리학, 생물학, 수학 중 한 가지 이상을 전문적으로 공부한 사람이 우주 비행사가 될 수 있어요. 더불어 육체적으로 아주 건강해야 해요. 우주복을 입은 채 수영하기, 회전 탁자 위에 서서 상하좌우 흔들림 견디기, 회전 운동 견디기 등 훈련에 통과해야 하거든요. 여기에 강인한 정신력도 필요하답니다.

생명 유지 기술자

우주 비행사들은 비상 상황에 대비해 자신의 헬멧, 우주복, 산소마스크, 낙하산, 구명 장비 등을 갖추어야 해요. 이런 안전 장비들을 관리하는 게 생명 유지 기술자의 주요한 업무랍니다. 또 우주 비행사들에게 비상 탈출 방법, 낙하산 펴는 법, 땅이나 물에 착륙하는 법을 교육하지요.

이제 나와서 몸 좀 말리세요. 곧 무중력 시뮬레이션을 할 테니까요.

우주선 선장

우주선 선장이 되려면 일단 제트기 조종사 경력이 1,000시간 이상 있어야 해요. 선장은 우주선을 지휘하고 선원을 관리하는 한편 성공적인 임무 완수와 우주선의 안전한 귀환을 책임지지요.

우주 실험 전문가

우주에서 특별한 실험이 필요한 경우, 우주 실험 전문가가 우주선에 탑승해서 실험을 해요. 대부분의 우주 실험 전문가는 전문 우주 비행사가 아니에요. 오히려 연구 과학자이거나 과학 연구소 출신의 전문가인 경우가 많지요.

4일에 약 8센티미터씩 자라는군.

우주선 엔지니어

우주선의 장비와 시스템이 제대로 작동하는지 점검하는 것이 우주선 엔지니어의 일이에요. 또한 선장을 도와 우주선을 운항하지요.

우주 비행 임무 전문가

우주 왕복선이나 위성 수리, 국제 우주 정거장 조립 등 여러 가지 임무를 위해 파견되는 엔지니어예요. 드넓은 우주 공간으로 나아가 '로봇 팔'이라고 불리는 기기를 작동시키지요. 로봇 팔은 화물을 내리고 다시 싣는 일 등을 해 줘요.

발사 책임자

제트 엔진이 우주선을 높이 쏘아 올리기 전에 발사 책임자가 이 모든 것이 제대로 성공할지 검토해요. 우주선을 쏘아 올려도 방해되는 물체가 없는지, 기후는 괜찮은지, 우주선의 상태는 양호한지 등을 점검하는 거예요. 발사 책임자가 이상이 없다고 판단한 뒤에야 우주선을 발사한답니다.

항공 우주 공학자

항공 우주 공학자는 우주선 및 우주선과 관련된 모든 장비를 개발하는 사람이에요. 디자인부터 온갖 종류의 설비를 개발하고, 모델을 만들어 시험하고, 최종 기구를 작동하는 일에 참여하지요.

우주 공항 관제사들

지상에서 일하는 수많은 사람들이 우주 임무를 도와요. 이미 우주 비행사들이 우주로 떠났을 때에도 말이에요. 우주 비행 관제사, 연료 탱크 관리자, 지상 연락원 등 여러 관제사들이 우주선의 모든 장비에 이상이 없는지, 우주 비행사들의 건강에 이상이 없는지 꼼꼼하게 확인하지요.

음, 이 세상에는 흥미진진한 직업이 정말 많구나!
하지만 그거 알아? 난 무엇보다도 강아지로 살고 싶어….
넌 어때? 어른이 되면 무슨 일을 하고 싶은지
벌써 결정했다고?

VYBER SI SVÉ
POVOLÁNÍ

© Desighed by B4U Publishing, 2014
member of Albatros Media Group
Autor : Silvie Sanža
Illustrator : Milan Starý
www.b4upublishing.com
All rights reserved.
Korean translation rights arranged through JNJ Agency and Orange Agency.
Korean translation copyright © Gilbutschool 2017

이 책의 한국어판 저작권은 Orange Agency를 통한 B4U Publishing과의 독점계약으로 길벗스쿨에 있습니다.
저작권법에 의해 한국 내에서 보호를 받는 저작물이므로 무단전재와 무단복제를 금합니다.

실비에 산자 글
1974년 체코 공화국의 브르노에서 태어났습니다. 고등학교를 마치고 프랑스 파리에서 2년 동안 생활했습니다. 그 뒤 체코 올로모우츠에 위치한 팔라츠키대학에서 철학을 공부했습니다. 그동안 어린이책을 여러 권 썼으며, 공동체 생활 개선을 위한 활동에도 참여하고 있습니다.

밀란 스타리 그림
체코 공화국의 피세크에서 태어났습니다. 프라하의 카렐대학교에서 체코어와 미술을 공부한 뒤, 미술 교사와 광고 회사 일러스트레이터로 일했으며, 지금은 프라하에서 살고 있습니다. 2000년부터 어린이 및 어른 책에 그림을 그리고 있습니다. 아내와 함께 의사소통 기술 개발에 관한 책을 작업하며, 아들 셋을 키우고 있습니다.

김선희 옮김
한국외국어대학교를 졸업했습니다. 2002년 단편 소설 『십자수』로 근로자문화예술제에서 대상을 수상했으며, 2007년 뮌헨국제청소년도서관(IJB)에서 펠로십으로 아동 및 청소년 문학을 연구했습니다. 2012년에는 인도네시아 국립 대학에서 한국어를 가르쳤고, 2016년부터 한양대학교 국제교육원에서 한국어를 가르치며 '한겨레교육문화센터'에서 '어린이책 번역 작가 과정' 강사로도 활동하고 있습니다. 옮긴 책으로 『구스범스 호러 특급 시리즈』, 『윔피 키드 시리즈(개정판)』, 『청소기에 갇힌 파리 한 마리』, 『공부의 배신』 등 300여 권이 있으며, 쓴 책으로는 『얼음 공주 투란도트』, 『우리 음식에 담긴 12가지 역사 이야기』, 『둥글둥글 지구촌 음식 이야기』 등 10여 권이 있습니다.

나는 나중에 어디에서 일하게 될까?

와글와글 직업 대탐험

초판 1쇄 발행 2017년 6월 30일
초판 4쇄 발행 2019년 5월 3일
개정판 1쇄 발행 2025년 11월 20일

지은이 실비에 산자 | **그린이** 밀란 스타리 | **옮긴이** 김선희
발행인 이종원 | **발행처** (주)길벗스쿨
출판사 등록일 2025년 5월 28일 | **주소** 서울시 마포구 월드컵로 10길 56(서교동)
대표 전화 02)332-0931 | **팩스** 02)323-0586 | **홈페이지** www.gilbutschool.co.kr | **이메일** gilbut@gilbut.co.kr

기획 및 책임편집 김언수
제작 이준호, 손일순, 이진혁 | **마케팅** 양정길, 송예슬, 김령희 | **영업유통** 진창섭 | **영업관리** 정경화 | **독자지원** 송혜란, 윤정아

디자인 윤현이 | **교정교열** 한지연 | **CTP 출력 및 인쇄** 영림인쇄 | **제본** 영림제본

잘못된 책은 구입한 서점에서 바꿔 드립니다.
이 책에 실린 모든 내용, 디자인, 이미지, 편집 구성의 저작권은 길벗스쿨과 지은이에게 있습니다.
허락 없이 복제하거나 다른 매체에 옮겨 실을 수 없습니다.
ISBN 979-11-7467-062-5 (73300) (길벗스쿨 도서번호 200494)

독자의 1초를 아껴주는 정성 **길벗출판사**

길벗 | IT실용, IT전문서, IT/일반수험서, 경제경영, 취미실용
더퀘스트 | 인문교양서, 비즈니스서
길벗이지톡 | 어학단행본, 어학수험서
길벗스쿨 | 국어학습서, 수학학습서, 유아학습서, 어학학습서, 어린이교양서, 교과서

 | **제품명**: 와글와글 직업 대탐험 **주소**: 서울시 마포구 월드컵로 10길 56 (서교동)
제조사명: (주)길벗스쿨 **전화번호**: 02-332-0931
제조국명: 대한민국 **제조년월**: 판권에 별도 표기
사용연령: 8세 이상 KC마크는 이 제품이 공통안전기준에 적합하였음을 의미합니다.